は じ め に

　この『適性検査スタートブック』は，公立中高一貫校受検を考えはじめた親子のために作られた本です。

　「公立中高一貫校とは？」「適性検査って何？」…耳にしたことはあるけれど，実際はよくわからないという保護者の方も多いと思います。

　この本では，「概要編」で，公立中高一貫校と適性検査の概要をわかりやすく説明し，「例題編」で，実際に出題された検査問題を厳選して紹介しています。

　ポイントを押さえた概要を読み，適性検査でよく出題される問題のパターンを知ることで，受検を身近に感じていただけることでしょう。

　まずは，公立中高一貫校と適性検査について知るためのガイドとして，この本をお使いください。

音声の聴き方・ダウンロード付録について

リスニング問題の音声は，教英出版ウェブサイトの「ご購入者様のページ」で「書籍ID番号」を入力してご利用ください。音声は無料で聴くことができます。「全国の公立中高一貫校の一覧」「もっと適性検査問題」などの無料のダウンロード付録も見ることができます。

書籍ID番号	165078	

2026年9月末まで有効

教英出版ウェブサイトの「ご購入者様のページ」はこちら

(https://kyoei-syuppan.net/user/)

目　次

例 題 編

登場人物紹介

さくら先生

中学受験対策の指導をしており，適性検査について優しくていねいに教えてくれます。「ほめて伸ばす」ことを大事にしているようです。

けんたくん

サッカーが得意な，元気いっぱいの六年生の男の子。勉強はあまり得意ではないようで，すぐに先生に頼ってしまいます。

かいとくん

コツコツと努力することが得意な六年生の男の子。一人でがんばろうとしすぎて，悩んでしまうこともあるようです。

みさきさん

友達と集まってわいわいおしゃべりするのが大好きな，六年生の女の子。勉強は得意なほうですが，作文には苦手意識があるようです。

公立の中高一貫校の受検に興味があるけれど，私立の中学受験と何かちがいがあるのかな？

「適性検査」って記述問題が多くて作文もあるって聞いたけど…。

公立の中高一貫校の入学者選抜では，「適性検査」が行われます。「公立中高一貫校」や「適性検査」とはどんなものか，みんなで一緒に見ていきましょう。

概要編

公立中高一貫校を知ろう！

適性検査を知ろう！

公立中高一貫校を知ろう！

 全国で注目されている「公立中高一貫校」とは，どんな学校なのでしょうか？すでに知っている人も，まだ知らない人も，まずは基本的な仕組みをおさえていきましょう。

中高一貫教育とは

　中高一貫教育とは，中学校の３年間と高校の３年間を単純に合わせた６年間…というわけではなく，中高の接続を前提として学校独自の特色あるカリキュラムのもとで行う教育です。

　私立の学校では古くから中高一貫教育が行われてきましたが，1998年に学校教育法が一部改正され，公立の学校でも６年間の中高一貫教育を選択的に導入することが可能となりました。

公立中高一貫校とは

　公立中高一貫校は，従来の公立中学校３年間・公立高校３年間の流れ以外に，６年一貫教育という選択肢をつくり，計画的・継続的な教育課程を展開することによって，生徒の個性や創造性を伸ばすことを目的に設置されています。

　特色ある教育が行われる公立中高一貫校では，各学校の学校案内や募集要項に，次のような共通した教育理念が見られます。

- 次世代のリーダーを育てる
- グローバルな視点を養う
- 社会に貢献できる人材を育てる
- 自ら実践する能力を身につけさせる

これらの共通した教育理念から，多くの学校で『今後の日本社会を牽引する人材の育成』を目指していることがうかがえます。

　このような公立中高一貫校は，全国で増え続けています。

公立中高一貫校の３つの形態

　公立中高一貫校には３つの形態（「中等教育学校」「併設型の中学校・高等学校」「連携型の中学校・高等学校」）があります。その中で，適性検査の受検が必要なのは「中等教育学校」と「併設型中学校」です。

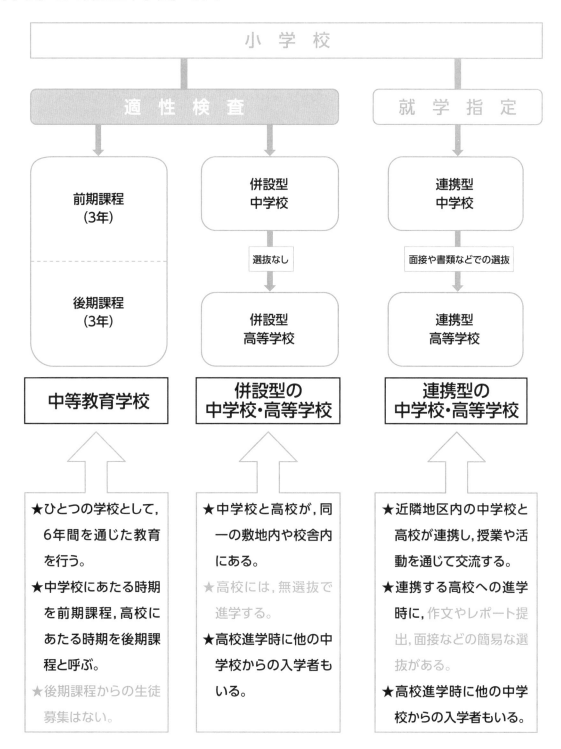

◗ 公立中高一貫校（中等教育学校・併設型）のメリット・デメリット

◆ メリットと思われる点
- ●学校独自の特色あるカリキュラムが組まれている
- ●高校受験をする必要がない
- ●一貫性をもたせた教育により，大学進学実績の良い学校がある
- ●私立と比べて学費が安い
- ●一般には高校で学習する内容を，先取りして学習することができる
- ●同レベルの生徒同士で刺激しあい，濃い人間関係を築くことができる

◆ デメリットとなりうる点
- ●歴史が浅く，教育のノウハウが確立できていない学校がある
- ●長い期間環境が変わらないことで，勉強意欲などに中だるみが起こることがある
- ● 6 年間で生徒の顔ぶれが変わらないため，人間関係が広がりにくい

◗ 公立中高一貫校の入学者の選抜方法

　中等教育学校および併設型中学校の入学者選抜は，一般的に小学校から提出される調査書と，適性検査および面接などの結果を総合的に判断して行われますが，それ以外にも，志願理由書の提出が必要な学校，グループ作業を行う学校，最終的に抽選で入学者を決定する学校など，学校ごとに違いがあります。

　なお，公立中高一貫校には，原則として，その学校が設置されている自治体に住む人でなければ入学することはできません。また，適性検査が行われない連携型中学校は，一般の公立中学校と同じで，就学指定された地域の小学生が入学することになります。

◗「学力検査」と「適性検査」の違い

　一般的に，私立中学校，高校，大学などの入学者選抜では，国語・算数（数学）・理科・社会のように教科別の学力検査が行われますが，学校教育法施行規則第 110 条第 2 項により，「公立の中等教育学校については、学力検査を行わないものとする。」と定められています。

　公立中高一貫校が受験準備にかたよったいわゆる「受験エリート校」化しないため，また，受験競争の低年齢化を招くことを避けるため，このように取り決められました。

　公立中高一貫校は，学校の個性や特色に応じて，多様で柔軟な方法を適切に組み合わせて入学者選抜を行うよう求められています。

　そこで実施されるのが，「学校の教育方針との適性を判断する」ための適性検査です。

適性検査は，私立中学校の学力検査のように教科別に行われるわけではなく，教科横断型の問題が出題され，思考力や表現力を問う記述式の問題が中心となっていることがほとんどです。

また，放送問題があったり，美術やスポーツなどの実技的な検査の選択があったりと，教科の枠にとらわれないことも学力検査との大きな違いです。

問題用紙には，『国語』『算数』みたいな教科名は書かれていないいってこと？

『適性検査Ⅰ』『適性検査Ⅱ』…『適性検査A』『適性検査B』…のように書かれていることが多いですね。

公立中高一貫校の検査問題

複数の公立中高一貫校が設置されている自治体では，都立，県立，市立など設置者が同じである場合，検査問題は共通であることが多いですが，中には共通ではない自治体もあります。

主に次の3つの出題のしかたがあります。

◆ 共通問題
設置者が同じ学校は，検査問題が共通である

◆ 共通問題と個別問題
設置者が同じ学校でも，検査問題の一部が学校によって異なる
（適性検査問題は共通だが，作文問題だけが異なるなど）

◆ 個別問題
設置者が同じでも，学校ごとに検査問題が異なる

子どもにあった学校の選び方

公立中高一貫校は，それぞれ独自の校風や教育方針を持っていますので，学習環境やカリキュラムなどが子どもにあった学校を選ぶことが大切です。子どもにあった学校を選ぶためには，学校の資料（募集要項など）を取り寄せたり，ホームページを見たりして調べるだけでなく，実際に学校を見学したり，在校生，卒業生，その保護者などから話を聞いたりして，学校の雰囲気を知ることも大切です。日程を調べ，学校説明会や文化祭などに積極的に足を運んでみましょう。

適性検査を知ろう！

公立中高一貫校（中等教育学校・併設型）の入学者選抜で行われる適性検査は，従来の私立中学校の入学試験などとは大きく異なります。適性検査とはどのようなものかを見ていきましょう。

◗ 適性検査の特色

　適性検査は，国語・算数・理科・社会のように教科別に行われるわけではなく，教科横断型の問題が出題されます。たとえば，国語と社会の複合的な知識を必要としたり，理科的な問題の中に算数や社会の要素が入っていたり…と，小学校での学習内容や，自分の経験をふまえて答える問題になっています。

　以下はよくある検査問題の構成です。

　・適性検査Ⅰ　（国語分野・社会分野）　　　🕐 40分〜50分
　・適性検査Ⅱ　（算数分野・理科分野）　　　🕐 40分〜50分
　・作　　　　文　（課題や条件にしたがって自分の考えを書く）🕐 40分〜50分

◗ 設問の特色

　適性検査の設問の特色として，問題文を読んで，「自分の意見を書く」「分析・判断する」「過程を説明する」などが多いことがあげられます。たとえば，以下のような問いがよく見られます。

　　● あなたの経験をふまえたうえで，あなたの考えを書きなさい。
　　● 解き方を，式や図を使いながら説明しなさい。
　　● グラフと図から，変化があった時の理由を書きなさい。

　ひとつの正解を求めることよりも，なぜその答えに至ったのか，その道筋を説明するパターンが多く，これは，多くの小学生が苦手とする，「国語の記述」と「算数の文章題」をあわせたようなものです。つまり，解き方や考え方を具体的に表現する力が求められます。このような問いであるため，正解は1つとは限りません。また，検査問題が共通の学校でも，学校の方針や求める人物像などによって，学校ごとに評価の基準が異なるものと考えられます。

適性検査の意義

　適性検査では，知識の量ではなく，問われていることを正しく理解して，自分の考えを表現する力が試されることが多いです。学校は個々の能力や資質を把握し，生徒を選抜するための判断材料として適性検査を実施します。

適性検査でわかる学校の教育方針や求める人物像

　適性検査の内容は，公立中高一貫校の目指すところをよく表しています。多くの検査では「1つの正解をすばやく求める」のではなく，「答えが1つではないような問いにも，経験と想像力から自分独自の表現で答える」ことが求められます。

　それは，そのまま学校の教育理念やスローガン（「創造力」や「国際化」，「夢の実現」，「問題解決能力」，「自ら行う実践力」など）であり，また，その学校が求める人物像であるとも言えるでしょう。

適性検査によって試される能力

　実際の検査問題を見てみると，会話文や図表などで問題の内容をわかりやすく伝えている印象がありますが，その奥には以下にあげたような能力を試す，深いねらいが隠されています。

表現力	わかりやすく適切な表現で，自分の考えをまとめる能力。 一定時間内で，要点をおさえた明確な記述をすることが求められる。
読解力	"読み解く力"の文字通り，文章を読み，内容を正確に理解する能力。
分析力	与えられた資料から変化やその理由を読み取ったり，複数の異なる資料を統合して1つの結果を導いたりする能力。
想像力	文章・図・グラフなどから，実際の情景や変化，立体的な位置関係などをイメージする能力。
思考力	筋道を立てて考えたり，過去の経験や知識にもとづいて，問題を解決する方法を考えたりする能力。
応用力	知らないことであっても，自分の経験や知識をもとに，臨機応変かつ柔軟に答えを導きだす能力。

　このような能力を本番で発揮するためには，学校の勉強を日常生活の中での経験と関連付けて考え，習った知識を応用することが大切です。

受検校の過去問を解く意味

　適性検査の問題は，自治体や学校ごとに特色があるので，受ける学校の過去の検査問題を必ず解いておきましょう。

　適性検査に限ったことではなく，テストや試験などを受けるときは，時間配分がとても大切です。適性検査の形式に慣れていないと，全体の問題量や各問題を解く時間配分を見誤り，最後に時間が足りなくなってしまうことがあります。そうしたことを防ぐためにも，過去問で練習しておくことが必要です。

　検査問題では，会話文が設問の導入になることがよくあります。クラスメート，先生と児童，親と子など，登場人物は様々ですが，いずれも，日常のできごとから学校での学習内容に関係する設問につなげる，というパターンが多いです。また，検査問題全体に共通する登場人物が設定され，1つのストーリーが成り立っている場合もあります。ぼんやり読んでいると，問いとの関係がわからなくなったり，ポイントを見逃したりするので，集中して読むことが大切です。

　このように，適性検査の多くは，学校の授業やテストではあまり見慣れない形式の問題です。だからこそ，過去問を解いて出題形式を確認し，そのパターンに慣れておくことが，とても重要です。

　受ける学校の過去問をしっかりと研究するのはもちろんですが，他の自治体の公立中高一貫校の検査問題を解いてみるのもよいでしょう。多種多様な問題に取り組むことで適応力が身につき，知らないことであっても自分の経験などから柔軟に答えを導き出す応用力がきたえられます。

保護者が過去問を知る意味

　保護者の方は，お子様が受検を考えている学校の過去問を一度見てみてください。

　問われている内容は，学力や経験にもとづいた思考力や表現力を必要とするものが多いことに気づかれると思います。また，問題を解くことによって学校の出題傾向をつかむことができます。

　保護者の方は，お子様との毎日の会話のなかで，さまざまな事象を国語や算数，理科，社会などの学習内容と関連づけて考えられるよう，工夫してみてください。日常生活の中でも，お子様の得意・不得意にあわせて対策方法を考えていきましょう。

例題編

教科的な問題＜適性検査ってこんな感じ＞

実技的な問題＜さらにはこんな問題も！＞

おさえておきたいキーワード

第①問

日本の伝統文化と
国際交流について
考えてみましょう。

なぜ豆まきをするの？

（2019年 佐賀県立中学校・改）

　みさきさんの家に，アメリカからやってきた高校生のレイラさんがホームステイをしています。みさきさんとお母さんは，レイラさんのためにできることについて話をしています。次の会話文を読んで，あとの問いについて考えましょう。

みさきさん：今度の節分にレイラさんと豆まきをしたいと思って【絵】を見せたら，レイラさんが「どうして【おに】さんは豆を投げられているの」って，びっくりしていたよ。	【絵】  【おに】

お 母 さ ん：それなら，豆まきについて調べて，<u>おにが豆を投げられている理由</u>を説明すると，レイラさんにも分かると思うわ。

みさきさん：そうね，調べてみるね。レイラさんは日本にとても興味があるんだよ。日本語の読み書きも，もっと上手（じょうず）になりたいと言っていたよ。

お 母 さ ん：外国のことを学ぶと，自分の国のことについてもよく分かるのよ。

みさきさん：そうなんだ。私（わたし）もいつか外国でホームステイをしたいから，レイラさんの話す英語をもっと分かるようになりたいな。

お 母 さ ん：それなら，レイラさんが生活の中で日本語の読み書きを学ぶことができて，あなたの英語の勉強にも役立つ方法を考えてごらん。

Q みさきさんは，豆まきについて調べた【メモ】をもとに，「<u>おにが豆を投げられている理由</u>」を豆まきにこめられた願いも加えて，【説明】することにしました。あなたなら，どのような内容を伝えますか。あとの《条件1》に合うように書きましょう。

【メモ】

> ・豆には，悪いものを追い出す力があると考えられていた。
> ・豆まきのあとに，自分の年の数の豆を食べる。
> ・病気のようなよくないことは，おにが引きおこすものだと考えられていた。
> ・豆まきのかけ声は，「おには外，福は内」。

【説明】

> おにが豆を投げられている理由は，［　　　　あ　　　　］。
> つまり，豆まきには，［　　　い　　　］という願いがこめられています。

《条件1》

・【メモ】の中から必要な情報を選び，選んだ情報をもとに考えること。
・［　　　　あ　　　　］には，おにが豆を投げられている理由を書くこと。
・［　　　い　　　］には，豆まきにこめられた願いを，「～という願い」につながっていくように書くこと。

Q 解答らん

あ	
い	という願い

実際の紙面

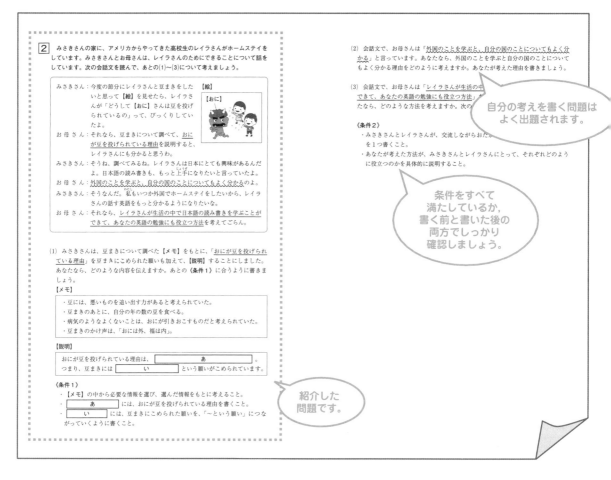

国際交流や異文化理解は，よく出題される分野です。

留学や仕事で日本に長く滞在する外国人も多く，外国人と接する機会は昔に比べて増えています。また，日本を訪れる外国人観光客も大きく増えました。観光客向けの多言語表記の看板や案内も増えています。みなさんの中にも，留学生と交流したり，外国を旅行したりした人もいるでしょう。

国際交流や異文化理解に関する問題では，自分の考えを問われることが多いため，これらに関する本を読んだり，家族で話をしたりして，自分の考えや体験をまとめておくことが重要です。

答え合わせ

Q あ．悪いものを追い出す力があると考えられていた豆を使って，病気
のようなよくないことを引きおこすと考えられていたおにを追い
出すためです

い．おにを追い出し，福を招き入れることで，健康で幸せに暮らしたい

　まず，「おにが豆を投げられている理由」を，【メモ】の内容から読みとりましょう。【メモ】
の中の，1番目と3番目に書かれていることをまとめれば，理由を説明できます。「おに」＝「悪
いもの」というつながりに気付くことが大切です。この問題のように，要点が2つ以上あって，
しかもそれぞれが別の場所に書かれている場合は，拾いもれがないように注意しましょう。ま
た，それぞれの要点の関係をしっかりと読みとってまとめるようにしましょう。

　豆まきにこめられた願いは，【メモ】の内容をもとに自分で考えなければなりません。4番
目に書かれている「おには外，福は内」という豆まきのかけ声は，「悪いもの」＝「おに」を
外に追い出し，「よいもの」＝「福」などを家の中に入れるという意味です。このことを，
　あ　に入る内容をもとに，自分の言葉で説明しましょう。「よくないこと」は，病気や不幸
などです。豆まきをすることで，それらとは反対の「よいこと」，つまり，健康や幸せを願っ
ていると考えられます。

問題には，
書かれていることを
まとめるものと，
自分で考えるものがあるので，
読解力と発想力の
両方が必要です。

今回のポイント
要点は，1つだけ
とは限らない！

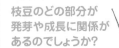

枝豆のどの部分が
発芽や成長に関係が
あるのでしょうか?

枝豆の発芽や成長

(2022年 和歌山県立中学校・改)

　あきらさんは，みどりさんに，家で料理をしていたときのことについて，話をしています。

あきら：枝豆のさやをむいて
いたら，豆の皮まで
むけて，2つにわれ
てしまったよ。（図1）

（図1）あきらさんが料理に使おうとした枝豆

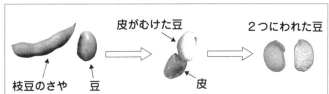

枝豆のさや　豆　　皮がむけた豆　　皮　　2つにわれた豆

みどり：枝豆の豆の形は，インゲンマメと似ているね。

あきら：科学クラブの先生に聞いてみると，枝豆の種子は，インゲンマメの種子と同じつくりだと教えてくれたよ。

みどり：（図1）の2つにわれた豆は，（図2）のように，根・くき・葉になる部分と子葉に分けられるね。

あきら：皮がむけた豆，2つにわれた豆，根・くき・葉になる部分のそれぞれは，時間がたつとどのように変わるのかな。実験してみよう。

（図2）
枝豆の種子のつくり

根・くき・葉に
なる部分

子葉

【あきらさんが考えた実験】

手順①　4つのカップを用意し，その中に水でぬらしただっし綿を入れ，㋐，㋑，㋒，㋓の豆や豆の一部をそれぞれ3つずつまく。

㋐皮をむいた豆	㋑皮をむき，2つにわった豆のうちの根・くき・葉になる部分と子葉	㋒皮をむき，2つにわった豆のうちの子葉	㋓皮をむき，2つにわった豆のうちの根・くき・葉になる部分

手順②　だっし綿がかわいてしまわないように水をあたえながら，10日後の結果を観察する。
※カップはすべて，発芽に適した温度の室内で日光が当たらない場所に置く。

【実験の結果】

⑦ 伸びた長さは，
平均 18 cmだった。

④ 伸びた長さは，
平均 5 cmだった。

⑦ 発芽も成長も
しなかった。

④ 伸びた長さは，
平均 1.5 cmだった。

みどり：【実験の結果】を見ると，④でも発芽して成長するんだね。

あきら：どうして発芽や成長のようすにちがいが出たのかな。

先　生：④をもとにして考えると，わかりやすいですよ。④と⑦，⑦，④のそれ
　　　　ぞれを比べてみましょう。

どんな問題が出てるかな？

Q　【実験の結果】の④と比べて，⑦，⑦，④にちがいが出たのはどうして
ですか。⑦，⑦，④のそれぞれについて，種子のつくりや子葉のはたら
きから理由を書いてみよう。

Q 解答らん

⑦

⑦

④

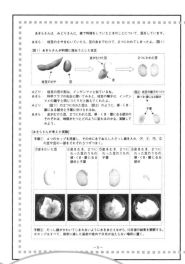

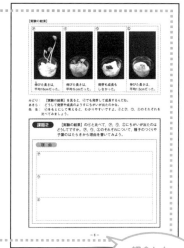

実験の結果からわかることを
説明する問題だけでなく,
実験方法を書く問題もあります。

紹介した
問題です。

実験の問題では,問題文を読みながら,
実験の条件や結果について
整理するとよいでしょう。

答え合わせ

Q ㋐発芽や成長するための養分をふくむ子葉の部分が多いから。
ウ㋒根・くき・葉になる部分がないから。
㋓発芽や成長するための養分をふくむ子葉がないから。

　条件が1つだけちがう実験を行ったときに，実験結果がちがうのは条件がちがうことが原因であると考えることができます。今回の実験の場合，㋑と㋐は子葉の数（1つか2つ），㋑と㋒は根・くき・葉になる部分の有無，㋑と㋓は子葉の有無がそれぞれちがいます。つまり，㋐が㋑より長く伸びたのは子葉が1つ分多かったから，㋒が発芽しなかったのは根・くき・葉になる部分が無かったから，㋓が㋑より伸びなかったのは子葉が無かったからだと考えることができます。

　子葉の数が多いほど，より長く伸びたことから，子葉には成長に必要な養分がふくまれていると考えることができ，根・くき・葉になる部分が無ければ，発芽しないと考えることができます。

実験の結果を比べるとき，
条件が「1つだけ」ちがう
ということが重要ですね。

今回のポイント
条件のちがいと結果の
ちがいを整理しよう！

友だちと連休中の
勉強時間について
話していますよ。

三連休の時間割

(2019年 東京都立大泉高等学校附属中学校・改)

算数クラブが終わり，帰り道でさきさんとゆいさんが話をしています。

> ゆいさん：今度の三連休はいっしょに午前中は勉強して，午後は外で運動をしよう。
>
> さきさん：いいね。勉強と運動のバランスが大切だね。国語，社会，算数，理科の4教科の勉強をしたいな。
>
> ゆいさん：同じ教科書を2冊用意するのは大変だから，おたがいちがう教科の勉強をしよう。自分の時間割をつくってみたよ。（表1）①から④のそれぞれ30分間で勉強する教科を考えてみたよ。それぞれの勉強時間の間には，休けいを10分間とっているよ。

表1　ゆいさんの考えた時間割

		一日め	二日め	三日め
①	9:30～10:00	社会	国語	社会
②	10:10～10:40	理科	理科	理科
③	10:50～11:20	算数	国語	算数
④	11:30～12:00	社会	算数	社会

> さきさん：私も条件を決めて，時間割を考えてみるね。

さきさんが考えた条件

条件1：国語，社会，算数，理科の4教科の勉強をする。

条件2：同じ時間にゆいさんと同じ教科の勉強はしない。

条件3：4教科の中の一つの教科を時間をかける教科として，毎日合計1時間，10分間の休けいをはさんで2回連続して勉強をする。

条件4：時間をかける教科以外は，三日間で合計1時間勉強し，1日の勉強時間を30分までにする。

条件5：三日間のうち，どの教科も1日は①か②の時間帯に勉強をする。

条件6：三日間の同じ時間帯に同じ教科の勉強はしない。ただし，時間をかける教科はのぞくこととする。

条件7：理科の次の時間には社会の勉強はしない。

どんな問題が出てるかな？

Q ゆいさんの考えた時間割が表1のとき，さきさんが考えた条件を守って時間割を考えるとどのようになるか。時間をかける教科を答え，解答らんの表を完成させなさい。

Q 解答らん

時間をかける教科 [　　　　　　]

さきさんの時間割

		一日め	二日め	三日め
①	9：30〜10：00			
②	10：10〜10：40			
③	10：50〜11：20			
④	11：30〜12：00			

ゆいさんの考えた時間割

		一日め	二日め	三日め
①	9：30〜10：00	社会	国語	社会
②	10：10〜10：40	理科	理科	理科
③	10：50〜11：20	算数	国語	算数
④	11：30〜12：00	社会	算数	社会

実際の紙面

---

2 ゆいさんとさきさんが放課後の算数クラブに参加して先生と話をしています。

先生：今日の算数クラブでは、今まで習った知識を活用した問題に取り組みましょう。
さき：どのような問題ですか。
先生：図1のように側面にいくつかの黒い印がかかれた直方体や、同じ形で黒い印がかかれていない直方体が合計で9個あります。これらの直方体を3個ずつたがいちがいに積み重ねて、図2の立方体をつくりましょう。

図1 　　図2

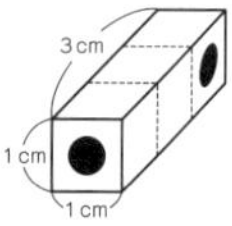

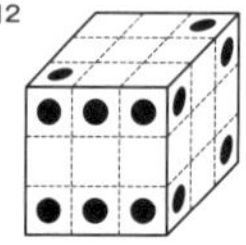

ゆい：3個ずつたがいちがいに積み重ねるとはどういうことですか。
先生：図3のように重ねることです。図4は図2をちがう方向から見た図です。直方体を9個積み重ねてできた立方体の向かい合う面にある黒い印の数の合計は常に7になっています。

図3 　　図4

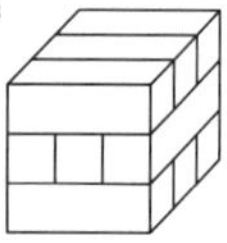

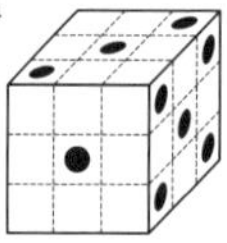

先生：図1と同じ大きさの直方体があと3個あります。さらにたがいちがいに積み重ねましょう。
さき：12個の直方体で完成した立体（図6）の全ての面の面積の合計は、66cm²です。
先生：直方体の数を増やさずに、立体の全ての面の面積の合計を増やす方法はありませんか。
ゆい：直方体をぬいたり、上に乗せたりすると、立体の全ての面の面積の合計も変わります。

図6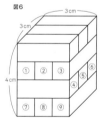

〔問題2〕 立体の全ての面の面積の合計が95cm²に最も近くなるように、①〜⑨の中から4個の直方体をぬき、上に乗せる。その場合はどのような組み合わせがあるか、考えられる組み合わせのうちから一つ答えなさい。また、できあがった立体の全ての面の面積の合計がいくつになるか答えなさい。直方体の〈ぬき方の条件〉、〈乗せ方の条件〉は次のようにする。ただし、直方体をぬいて乗せても立体はくずれないものとする。

〈ぬき方の条件〉
条件1：図7の①と②、②と③のように、同じ段のとなり合う2個をぬくことはできない。
条件2：一度ぬいたものを積み重ねたあと、再びぬくことはできない。

図7

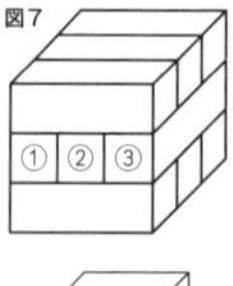

〈乗せ方の条件〉
図8
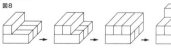
条件：図8のように、はしから間をあけずに順番に乗せていく。

さき：直方体の個数は同じなのに面積が変化するのは不思議ですね。

さき：ここまでできました。（図5）

図5

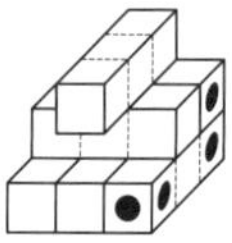

〔問題1〕 さきさんがと中まで積み上げた立体（図5）の続きを考えるとき、図2の立方体をつくるのに必要最低限な黒い印は、残りの直方体3個のどこにあればよいか、解答らんの展開図に答えなさい。

立体の見えない部分がどのようになっているかなどを考える問題です。

紹介した問題です。

算数クラブが終わり、帰り道でさきとゆいさんが話をしています。

ゆい：今度の三連休はいっしょに午前中は勉強して、午後は外で運動をしよう。
さき：いいね。勉強と運動のバランスが大切だね。国語、社会、算数、理科の4教科の勉強をしたいな。
ゆい：同じ教科書を2冊用意するのは大変だから、おたがいちがう教科の勉強をしよう。自分の時間割をつくってみたよ。（表1）①から④のそれぞれ30分間で勉強する教科を考えてみたよ。それぞれの勉強時間の間には、休けいを10分とっているよ。

表1 ゆいさんの考えた時間割

	一日め	二日め	三日め
① 9：30〜10：00	社会	国語	社会
② 10：10〜10：40	理科		理科
③ 10：50〜11：20	算数	国語	
④ 11：30〜12：00	社会		算数

さき：私も条件を決めて、時間割を考えてみるね。

さきさんが考えた条件
条件1：国語、社会、算数、理科の4教科の勉強をする。
条件2：同じ時間にゆいさんと同じ教科の勉強はしない。
条件3：4教科の中の一つの教科を時間をかける教科として、毎日合計1時間、10分間の休けいをはさんで2回連続して勉強する。
条件4：時間をかける教科以外は、三日間で合計1時間勉強し、1日の勉強時間を30分までにする。
条件5：三日間のうち、どの教科も1日は①か②の時間帯に勉強する。
条件6：三日間の同じ時間帯に同じ教科の勉強はしない。ただし、時間をかける教科はのぞくこととする。
条件7：理科の次の時間には社会の勉強はしない。

すべての条件を正確に読み取り、先に決めることがらを考えましょう。

〔問題3〕 ゆいさんの考えた時間割が表1のとき、さきさんが考えた条件を守って時間割を考えるとどのようになるか。時間をかける教科を答え、解答らんの表を完成させなさい。

さき：今度の三連休は勉強と運動の両方をがんばろうね。

Q 時間をかける教科…社会
さきさんの時間割

		一日め	二日め	三日め
①	9：30～10：00	国語	理科	算数
②	10：10～10：40	社会	国語	社会
③	10：50～11：20	社会	社会	社会
④	11：30～12：00	算数	社会	理科

さきさんの時間割に，右表Ⅰのように記号をおきます。

まず，条件2と条件3から，時間をかける教科を決めます。国語に時間をかけると，二日めに2回連続で国語を

表Ⅰ：さきさんの時間割

		一日め	二日め	三日め
①	9：30～10：00	㋐	㋕	㋚
②	10：10～10：40	㋑	㋖	㋛
③	10：50～11：20	㋒	㋗	㋜
④	11：30～12：00	㋓	㋘	㋝

入れることができません。算数に時間をかけると，㋐と㋑，㋚と㋛が算数になり，㋕と㋖，または，㋖と㋗も算数になるので，条件5を満たせません。理科に時間をかけると，㋒と㋓，㋗と㋘，㋜と㋝が理科になるので，条件5を満たせません。

したがって，時間をかける教科は社会に決まるので，社会を勉強する時間は，右表Ⅱのようになります。

表Ⅱ：さきさんの時間割

		一日め	二日め	三日め
①	9：30～10：00			
②	10：10～10：40	社会		社会
③	10：50～11：20	社会	社会	社会
④	11：30～12：00		社会	

残りの空いている時間帯に他の教科を条件に合うように1つずつ入れていくと，解答例のような時間割になります。条件に合う時間割は解答例以外にも何通りか考えられます。

今回のポイント
確実に決められることから，
1つずつ考えよう！

第4問

食べ物を大切にする
ために，できることを
考えてみましょう。

食品ロスを減らそう

（2021年 佐賀県立中学校・改）

　はがくれ市に住むひろとさんは，総合的な学習の時間に，環境のことを調べ，食品ロスが大きな問題になっていることを知りました。それをもとに，家族と話をしています。

ひろとさん：本当なら食べられるのに捨てられてしまう食品を「食品ロス」っていうんだね。日本では，それが1年間で一人あたり48kgにもなるって勉強したよ。

〜中略〜

お姉さん：食べ残しをしないこと以外にも，食品を使い切れずに捨てることがないように何か取り組む必要があるわね。

ひろとさん：ぼくもそう思う。食品を使い切れずに捨てた理由（【資料】）ものっていたから，食品ロスを減らすためにどんな取り組みができるか考えてみるよ。

お母さん：一人一人が，何かできることを考えて取り組んでいくといいわね。ところで，学校では何か取り組みを始めているの。

ひろとさん：まだなんだ。でも，ぼくの学校での食品ロスといえば，給食の食べ残しだと思うんだ。今度，調べたことをしょうかいする発表会があるから，そこで学校のみんなに，※パネルを使って，給食の食べ残しをしないように呼びかけるつもりだよ。

※パネル：展示のために写真やポスターなどをはったうすい板。

【資料】食品を使い切れずに捨てた理由　　【図】給食の食べ残しを表すパネル

・カビが生えてしまったから。
・くさってしまったから。
・多く買いすぎてしまったから。
・食品があることを忘れていたから。
・期限が切れていたから。

ア　たくさんの生産者の働く姿を表すパネル

イ　日本で1年間に出る食品ロスの量を表すパネル

612万トン

→国民1人あたり
毎日茶わん1ぱい分の量

どんな問題が出てるかな？

① ひろとさんは，【資料】を見て，「<u>食品ロスを減らすためにどんな取り組みができるか考えてみるよ</u>」と言っています。あなたなら，食品ロスを減らすために，どのような場面でどのようなことに取り組みますか。次の《条件1》に合うように書きましょう。

《条件1》

・食品を買った後の取り組みを考えること。
・解答らんの**場面**には，【資料】から具体的な場面を考え，「～するときには」につながるように書くこと。
・解答らんの**取り組み**には，**場面**の解答「～するときには」からつながるように，どのようなことに取り組むかを書くこと。

① 解答らん

場面	**するときには**
取り組み	

② ひろとさんは，「<u>学校のみんなに，パネルを使って，給食の食べ残しをしないように呼びかけるつもりだよ</u>」と言っています。発表会では，説得力のあるメッセージを伝えるために，【図】のパネルと，アかイのどちらか1枚のパネルを使います。あなたなら，どのようなメッセージを考えますか。次の《条件2》に合うように書きましょう。

《条件2》

・解答らんの**パネル**には，**ア**か**イ**のパネルのどちらかを選び，その記号を書くこと。
・解答らんの**メッセージ**には，【図】と選んだパネルをもとに，メッセージを考え，「給食の食べ残しをしないようにしましょう。」につながるように書くこと。
・70～80字で書くこと。

② 解答らん

パネル	
メッセージ	給食の食べ残しをしないようにしましょう。

27

実際の紙面

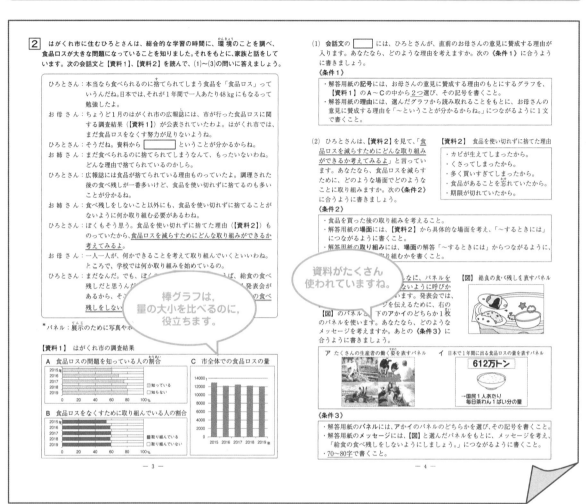

食品ロスをはじめ，SDGs（持続可能な開発目標）に関する内容はよく出題されます。

SDGs は，2015 年に国連総会で採択されました。「1．貧困をなくそう」「2．飢餓をゼロに」などの 17 のゴールと，その下に 169 のターゲット，231 の指標が決められています。

持続可能でよりよい世界を目指すため，地球温暖化や人種差別など，多くの問題に対する取り組みが掲げられており，食品ロスの削減は，SDGs の「12．つくる責任　つかう責任」のターゲットでかかげられています。

スーパーに買い物に行ったときに，「てまえどり」と書かれた表示を見たことはありませんか。これは，賞味・消費期限が切れることによって，商品として売ることができなくなってしまう食品を減らすため，商品棚の手前に置いてある販売期限の近い商品を買ってもらう取り組みです。

社会で問題となっていることに，どのような取り組みがなされているかを知り，自分ができること，するべきことは何かを，日頃から考えておくことが大切です。

答え合わせ

Q1 場面…食品を調理

取り組み…食べきる分を調理する。

解答例のほか，
- 食事（するときには）好き嫌いをせず残さず食べる。
- 食品を調理（するときには）期限の近い食品や傷みやすい野菜・肉などを積極的に使う。

などもあげられます。

Q2 パネル…イ

日本で出る食品ロスを国民1人あたりに換算すると，毎日茶わん1ぱい分を捨てていることになります。一人一人が食べ残さないことが，食品ロスを減らすことになるので，（78字）

アを選んだ場合の解答例は，
- 食材は，肉や魚などの生き物の命を頂いているということになります。食べ物の大切さを理解して食べ残さないことが，食品ロスを減らすことになるので，（70字）

などもあげられます。

　字数についての条件を，確実に守るようにしましょう。この問題のように長い文章を書かなければならない場合は，いきなり解答らんに書くのではなく，書く内容をメモしてまとめてから書くようにしましょう。

今回のポイント

長い文章は，内容をまとめてから書きだそう！

よく見る2次元コードに，どのようなきまりがあるのでしょうか？

2次元コードの目印

(2019年 佐賀県立中学校・改)

　ふみやさんは，パンフレットなどについている2次元コードについて，お母さんと話をしています。次の 会話文 を読んで，あとの問いについて考えましょう。

会話文

> お母さん：【2次元コード】には，方眼を白と黒にぬり分けた　　【2次元コード】
> 模様の中に情報が入れてあるのよ。
> ふみやさん：携帯電話などの機械で情報を読み取るんだよね。
> ななめにしても読み取れるのかな。
> お母さん：だいじょうぶよ。【2次元コード】の3つの角に【図1】のような目
> 印があって，【図1】のアとイの長さの比は1：3になっているのよ。
> 【図2】のようにななめになっても，AとBの長さの比は1：3にな
> るから，機械は，これが目印だと分かるのよ。
> ふみやさん：そうか，AとBの長さを測らなくても分かるね。 _____ 。

【図1】　　　　　　　　　　　【図2】

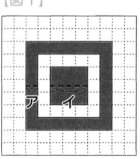
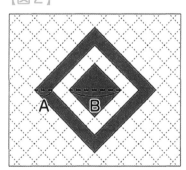

【注意】【図1】と【図2】の方眼の1目は，どちらも同じ長さです。

どんな問題が出てるかな？

Q 会話文 の ☐ には，【図2】のAとBの長さの比が1：3である説明が入ります。あなたなら,「長さを測って比を計算する」以外の方法で，どのように説明しますか。その説明を書きましょう。必要があれば，図を使って説明してもかまいません。

Q 解答らん

2次元コードの角の
四角が目印になって
いたんだね。

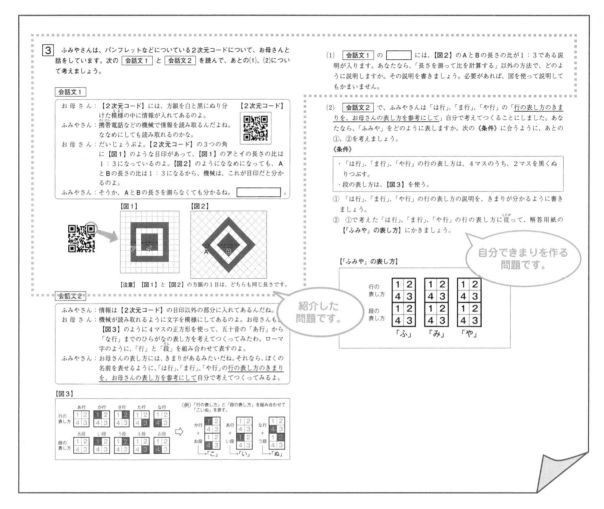

図を見れば当たり前だと思うようなことや，自分で考えたことを説明する問題です。難しい知識は必要ありませんが，しっかりと読む人に伝わる説明をしましょう。

また，図にかかれていることをよく見て，説明しやすい方法を考えることも大切です。

答え合わせ

Q 【図2】の方眼の１マスの対角線の長さを①とすると，Ａの長さは①，Ｂの長さは③と表せるから，Ａ：Ｂ＝１：３となるよ

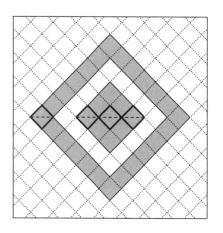

　同じ大きさの正方形の対角線の長さは等しいということを利用します。Ａの長さは方眼の１マスの対角線の長さ，Ｂの長さは方眼のマス３つ分の対角線の長さの和だとわかります。したがって，ＢはＡの長さの３倍と言えるので，Ａ：Ｂ＝１：３と説明できます。

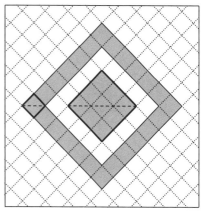

　また，次のように考えることもできます。
　正方形の１辺の長さと対角線の長さが比例することを利用します。Ａは１辺が方眼の１目分の長さの正方形の対角線，Ｂは１辺が方眼の３目分の長さの正方形の対角線です。したがって，Ａ：Ｂ＝１：３と説明することもできます。

いくつか方法が見つかるときは，自分が説明しやすい方法を選ぶといいですね。

今回のポイント
説明しやすい方法を
見つけよう！

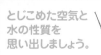

とじこめた空気と
水の性質を
思い出しましょう。

より遠くまで飛ばすには？

(2021年 東桜学館中学校・改)

　春希さんは，ペットボトルロケットを飛ばす実験ができる場所に立ち寄りました。ペットボトルロケットとは，水を入れたペットボトルに，空気入れのポンプをおすことにより空気を入れ，$\boxed{せん}$ をはずすと，そこから水が勢いよく出て，飛んでいくものです。このペットボトルロケットで，次のような方法で実験をし，結果は $\boxed{表}$ のようになりました。

$\boxed{実験の方法}$

・体積が500mLのペットボトルを使用する。
・ペットボトルに入れる水の量を，それぞれ 100mL，200mL，300mL，400mLとして，飛んだきょりを測る。
・空気入れのポンプをおす回数は5回とする。
・発射する角度は，地面から45°に固定する。

<実験の様子>

せん

45°

$\boxed{表}$ 　実験の記録

水の量	100mL	200mL	300mL	400mL
飛んだきょり	26.5m	30.9m	28.2m	12.7m

**① ** ペットボトルに空気を入れてから せん をはずすと，ペットボトルロケットから水が勢いよく出る理由を，空気の体積という言葉を使って説明しましょう。

① 解答らん

**② ** この 表 から，春希さんは「ペットボトルの体積に対して5分の2の水を入れると，ペットボトルロケットは最も遠くに飛ぶ」と予測しました。この予測を確かめるためには，このあと，さらにどのような実験をすればよいですか。次のア〜エの中から適切なものをすべて選び，記号で書きましょう。

ア　ペットボトルの体積を変えず，入れる水の量を150mL，250mLとしたときの飛んだきょりをそれぞれ測る。

イ　ペットボトルの体積を変えず，入れる水の量を200mL とし，空気入れのポンプをおす回数を 10 回としたときの飛んだきょりを測る。

ウ　ペットボトルの体積を変えず，入れる水の量を200mL とし，発射する角度を地面から 60° に固定したときの飛んだきょりを測る。

エ　ペットボトルの体積を1500mL のものに変え，入れる水の量を300mL，600mL，900mL，1200mL としたときの飛んだきょりをそれぞれ測る。

② 解答らん

2　春希さんは，ペットボトルロケットを飛ばす実験ができる場所に立ち寄りました。ペットボトルロケットとは，水を入れたペットボトルに，空気入れのポンプをおすことにより空気を入れ，せんをはずすと，そこから水が勢いよく出て，飛んでいくものです。このペットボトルロケットで，次のような方法で実験をし，結果は表のようになりました。

実験の方法

・体積が 500 mL のペットボトルを使用する。
・ペットボトルに入れる水の量を，それぞれ 100 mL，200 mL，300 mL，400 mL として，飛んだきょりを測る。
・空気入れのポンプをおす回数は 5 回とする。
・発射する角度は，地面から 45° に固定する。

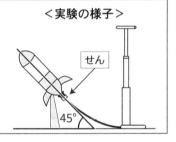

＜実験の様子＞

表　実験の記録

水の量	100 mL	200 mL	300 mL	400 mL
飛んだきょり	26.5 m	30.9 m	28.2 m	12.7 m

（1）ペットボトルに空気を入れてからせんをはずすと，ペットボトルロケットから水が勢いよく出る理由を，**空気の体積**という言葉を使って説明しましょう。

指定語句は
答えのヒントです。

（2）この表から，春希さんは「ペットボトルの体積に対して 5 分の 2 の水を入れると，ペットボトルロケットは最も遠くに飛ぶ」と予測しました。この予測を確かめるためには，このあと，さらにどのような実験をすればよいですか。次のア～エの中から適切なものをすべて選び，記号で書きましょう。

　ア　ペットボトルの○○○○○○る水の量を 150 mL，250 mL としたときの飛んだきょ○○○○○○○○

すべてを選ぶ問題では，
とくに選択しの内容を
1つ1つよく読みましょう。

　イ　ペットボ○○○○○○○○○水の量を 200 mL とし，空気入れのポンプをおす回○○○○○○○○飛んだきょりを測る。
　ウ　ペットボトルの体積を変えて，入れる水の量を 200 mL とし，発射する角度を地面から 60° に固定したときの飛んだきょりを測る。
　エ　ペットボトルの体積を 1500 mL のものに変え，入れる水の量を 300 mL，600 mL，900 mL，1200 mL としたときの飛んだきょりをそれぞれ測る。

答え合わせ

**Q① ** ペットボトルにおしこめられた空気が，もとの空気の体積にもどろう
として，水を外におし出すから。

　おしこめられた空気がもとの空気の体積にもどることに着目して，まとめましょう。水を外
におし出すときにペットボトルが水から逆向きの力を受けることで，ペットボトルは飛びます。

Q② ア，エ

　実験において「ペットボトルの体積に対して5分の2の水」は200mLであり，表　よ
り，水の量が200mLのときに最も遠くに飛んだことがわかります。したがって，アのよう
に，200mLとの差が100mLや300mLのときより小さい150mLや250mLで実験を行い，
200mLのときよりも飛んだきょりが小さければ，予測がより正しいものに近づきます。また，
エでは，1500mLの5分の2である600mLのときの飛んだきょりが最も大きければ，予測
がより正しいものに近づきます。

> 水の量が少ないと水から受ける力が小さく，
> 空気の量が少ないと空気がもとの体積に
> もどろうとするときの力が小さくなるため，
> ペットボトルの飛ぶきょりが小さくなります。

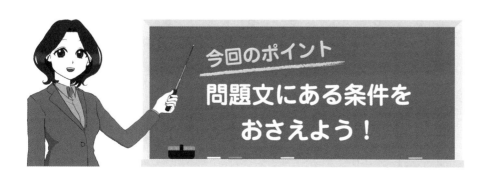

今回のポイント
**問題文にある条件を
おさえよう！**

つなげた紙の面積を求めます。色々な求め方がありますよ。

つなげた紙の面積

(2019年 静岡県公立高等学校中等部・改)

　算数の授業で，先生が下のような問題を出しました。みきさん，つとむさん，まゆこさんの3人は，答えの求め方について話し合っています。そこで，みきさんとつとむさんが，自分の考えた式を図に示しながら説明しました。

【先生が出した問題】

　たて4cm，横6cmの紙を下の図のように1cmずつ重ねてつなげていきます。10枚つなげてできる長方形の面積は何cm²になりますか。

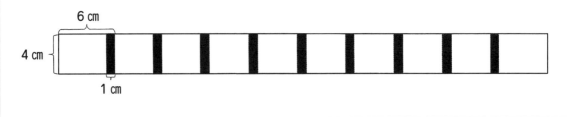

【みきさんが考えた式】

4×（5×2＋4×8＋1×9）

【つとむさんが考えた式】

4×（6×10－1×9）

【式の説明として示した図】

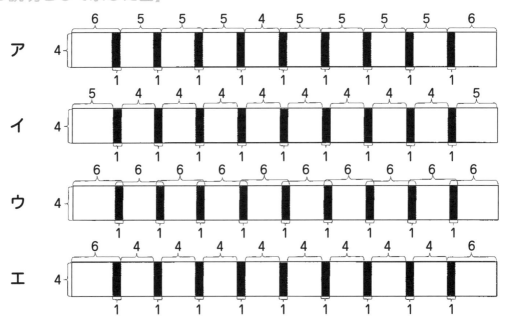

【まゆこさんが式の説明として示した図】

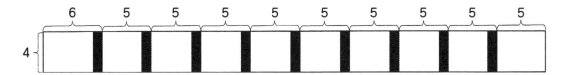

 どんな問題が出てるかな？

① 【みきさんが考えた式】と【つとむさんが考えた式】の説明として最も
　適した図を，【式の説明として示した図】のアからエまでの中からそれ
　ぞれ１つずつ選び，記号で答えなさい。

① 解答らん

みきさん		つとむさん	

② 【まゆこさんが式の説明として示した図】から考えられる式を書き，【先
　生が出した問題】の答えを求めなさい。

② 解答らん

［式］	［答え］
	cm²

実際の紙面

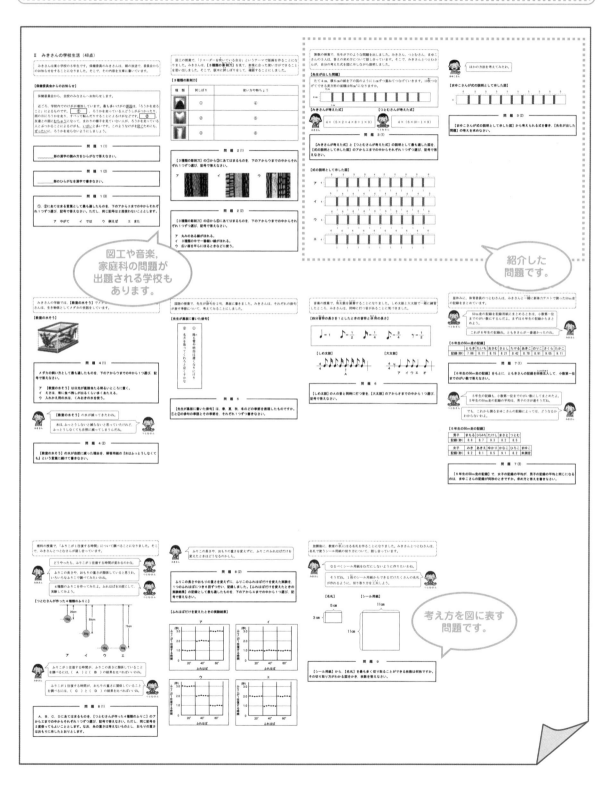

答え合わせ

① みきさん…イ　　つとむさん…ウ

　長方形の面積の公式は，（たての長さ）×（横の長さ）です。

　【みきさんが考えた式】と【つとむさんが考えた式】のはじめの「4」は長方形のたての長さを表し，カッコ内の式が長方形の横の長さを表しているとわかります。

　【みきさんが考えた式】のカッコ内の式をみると，5㎝を2個と，4㎝を8個と，1㎝を9個足して，長方形の横の長さを求めているとわかります。したがって，【みきさんが考えた式】を示した図はイです。

　【つとむさんが考えた式】のカッコ内の式をみると，6㎝を10個から，1㎝を9個引いて，長方形の横の長さを求めているとわかります。したがって，【つとむさんが考えた式】を示した図はウです。

② ［式］ 4×（6＋5×9）　　［答え］204（㎠）

　【まゆこさんが式の説明として示した図】から，6㎝を1個と，5㎝を9個足して長方形の横の長さを求めているとわかります。したがって，長方形の横の長さは，6＋5×9（㎝）と表せるので，長方形の面積は，4×（6＋5×9）＝204（㎠）となります。

> 【式の説明として示した図】
> のアとエは
> どんな式で表せるかな？

今回のポイント
図や式の数字の意味を
正確に読み取ろう！

航空輸送の工夫

(2021年 大宮国際中等教育学校・改)

航空輸送に興味を持った花子さんは，先生に質問をしました。

【花子さんと先生の会話】

花子さん：航空機で世界のさまざまな都市へ直接貨物を運ぼうとすると，その分たくさんの航空機や航空路線が必要になり，航空会社の負担が大きくなると思います。航空機で効率よく貨物を運べる方法はないのでしょうか。

先　　生：ハブ空港をうまく設置できるとよいかもしれませんね。

花子さん：初めて聞きました。ハブ空港とはどのような空港なのですか。

先　　生：資料を見てください。「ハブ」とは，自転車などにある車輪や，プロペラなどの中心にある部品や構造のことです。つまり，ハブ空港とは「航空網の中心として機能する空港」という意味があります。

資料 車輪の「ハブ」

ハブ

花子さん：中心として機能するということは，ハブ空港からはたくさんの路線が運航しているということですか。

先　　生：そうですね。路線の本数について特にきまりはないのですが，今回は，ハブ空港からは「2本以上の路線が運航している」ものとして考えてください。

花子さん：わかりました。ハブ空港を設置できると，どのようなよい点があるのですか。

先　　生：【先生が作った図①】の航空路線図の＜パターン1＞を見てください。4つの空港がある場合，すべての空港を直行便で結ぼうとすると，6本の路線が必要となります。しかし，＜パターン2＞のように，Y空港を中心的な役割をするハブ空港として設置すると，最低3本の路線があれば，Y空港以外の空港からはY空港で1回乗りかえをすることで，どこの空港にも到着できますね。

【先生が作った図①】 ※ ◯ は空港、 ── は路線

＜パターン1＞
ハブ空港を設置しない例

Y空港

＜パターン2＞
ハブ空港 ● を設置する例

Y空港

Y空港

Y空港

花子さん：なるほど。それに，＜パターン1＞と＜パターン2＞を比べると，ある航空会社が航空機を6機所有している場合，路線が6本では平均すると1路線あたり1機しか運航できませんが，路線が3本なら平均すると1路線あたり2機を運航できますね。

先　　　生：そのとおりです。ハブ空港での乗りかえの時間が短くなるように工夫すれば，効率よく貨物や人を運ぶことが可能になると考えられます。

花子さん：とても便利だと思います。もし，複数のハブ空港を設置できたら，さらに便利になるのでしょうか。ハブ空港についてもっと考えてみたくなりました。

 どんな問題が出てるかな？

【先生が作った図②】を見て，
次の問いに答えなさい。

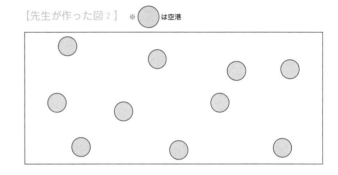
【先生が作った図２】　※　○は空港

① 【先生が作った図②】のすべての空港が，＜パターン１＞のようにすべて直行便で結ばれる場合，路線は何本必要か，答えなさい。

Ⓠ 解答らん

本

② 【先生が作った図②】の空港の中にハブ空港を２つ設置し，どの空港から出発しても，２回以内の乗りかえで他のすべての空港に到着できるような航空路線を考えたいと思います。下の図に，路線を表す線を引いて，航空路線図を完成させなさい。ただし，次の【条件】に従うこと。

【条件】

・ハブ空港として設置した２つの空港の ○ は，例１のようにぬりつぶすこと。

・ハブ空港からは２本以上の路線が運航しているようにすること。

・路線を表す線は，合計で９本とし，矢印などではなく，例２のように線で示すこと。

・路線を表す線は，他の線と交差しないように示すこと。

・路線を表す線は，空港の上を通過することがないように示すこと。

例１：

② 解答らん

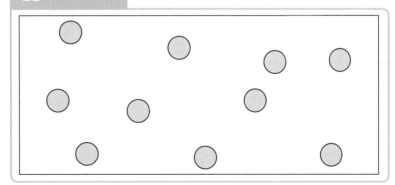

実際の紙面

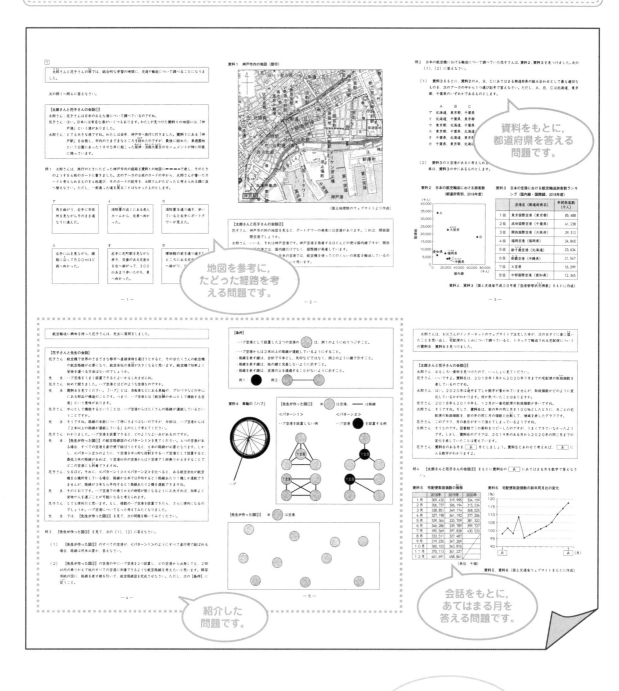

① 45（本）

　空港は全部で10あります。1つの空港からは他の9つの空港に対して9本の路線が必要です。しかし、必要な路線を9 × 10 = 90（本）と計算すると、1本の路線を2回ずつ数えていることになります。

　したがって、路線は全部で90 ÷ 2 = 45（本）必要です。

②

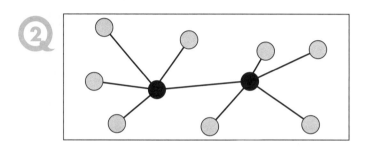

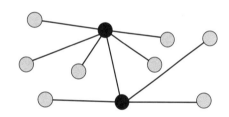

　上の図のように中心付近にある2つの空港をハブ空港として選ぶと、路線を結びやすいです。

　右図のように、上の図とは異なる2つの空港をハブ空港にしても、条件に合うように線が結ばれていれば大丈夫です。

会話や図、条件から、
ハブ空港の役割を
理解したいですね。

今回のポイント

条件を注意深く
読みこもう！

税について
考えてみましょう。

私たちと税

（2018年 京都府立中学校・改）

次は，カードを作成した花子さんが，現在の日本の税や，税にかかわる日本の将来について関心をもち，書いたレポートの一部です。

レポート

日本の税の１つに，（ a ）税があります。わたしは，先週，お店でノートを買いましたが，そのとき，お店にノートの代金の８％分のお金を税金として支払いました。わたしたち小学生も，（ a ）者ですので，買い物のときには税を負担します。

その税とは別に，日本には，関税という税があります。現在，日本に輸入される鉄鉱石や石炭には関税がかけられていませんが，米や牛肉など農産物の一部には関税がかけられています。それらについて国産品と輸入品の割合を比べたとき，米や牛肉は，鉄鉱石や石炭よりも（ b ）なっており，米や牛肉の輸入品に関税をかけることは，それらの生産にかかわる国内の産業を（ c ）するはたらきをしています。なお，現在，日本は，いくつかの国との間で，関税をなくし，自由に貿易ができる取り決めについての話し合いに参加しています。

税は，わたしたちの健康や生活を支えたり，わたしたちがくらしやすい環境をつくったりするためなどに使われますが，そのお金は無限にあるわけではありません。右のグラフからは，今後の予測される人口についての情報が得られます。わたしは，こうした情報にもとづいて，これからの日本での税の集め方や使いみちを議論していくことが，ますます大切になってくると考えます。

グラフ　15年ごとの日本の人口の移り変わり

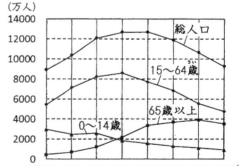

注：1955年と1970年は、沖縄県の人口をふくまない。
2030年、2045年、2060年のそれぞれの人口は予測。
（国立社会保障・人口問題研究所のホームページより作成）

どんな問題が出てるかな？

① レポート中のa～cに，それぞれあてはまる言葉を答えなさい。aとcは2字で，bは「国産品」という言葉を必ず用いて8字以上20字以内で答えなさい。

① 解答らん

a	
b	
c	

② レポート中の下線部について，グラフを適切に読み取ったものを，次のア～オからすべて選び，記号で答えなさい。

ア　2030年と2045年のいずれの総人口も，2015年の総人口を下回る。

イ　2015年からの45年間，すべての年齢層の人口は減り続ける。

ウ　2045年の65歳以上の人口は，同じ年の0～14歳の人口よりも2000万人以上多い。

エ　2000年と2060年を比べたとき，15～64歳の人口の減少数より，65歳以上の人口の増加数の方が多い。

オ　総人口に占める65歳以上の人口の割合は，1985年には20％未満であったが，2045年では30％を超えている。

② 解答らん

（6）次は、カードを作成した花子さんが、現在の日本の税や、税にかかわる日本の将来について関心をもち、書いた**レポート**の一部です。

レポート

　日本の税の1つに、（　a　）税があります。わたしは、先週、お店でノートを買いましたが、そのとき、お店にノートの代金の8％分のお金を税金として支払いました。わたしたち小学生も、（　a　）者ですので、買い物のときには税を負担します。

　その税とは別に、日本には、関税という税があります。現在、日本に輸入される鉄鉱石や石炭には関税がかけられていませんが、米や牛肉など農産物の一部には関税がかけられています。それらについて国産品と輸入品の割合を比べたとき、米や牛肉は、鉄鉱石や石炭よりも（　b　）なっており、米や牛肉の輸入品に関税をかけることは、それらの生産にかかわる国内の産業を（　c　）するはたらきをしています。なお、現在、日本は、いくつかの国との間で、関税をなくし、自由に貿易ができる取り決めについての話し合いに参加しています。

　税は、わたしたちの健康や生活を支えたり、わたしたちがくらしやすい環境をつくったりするためなどに使われますが、そのお金は無限にあるわけではありません。右の**グラフ**からは、今後の予測される人口についての情報が得られます。わたしは、こうした情報にもとづいて、これからの日本での税の集め方や使いみちを議論していくことが、ますます大切になってくると考えます。

> 折れ線グラフは数量の変化を比べるのに役立ちます。

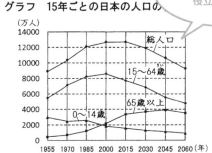

グラフ　15年ごとの日本の人口の

注：1955年と1970年は、沖縄県の人口をふくまない。
2030年、2045年、2060年のそれぞれの人口は予測。
（国立社会保障・人口問題研究所のホームページより作成）

Ⅰ　レポート中のa～cに、それぞれあてはまる言葉を答えなさい。aとcは2字で、bは「国産品」という言葉を必ず用いて8字以上20字以内で答えなさい。

Ⅱ　レポート中の下線部について、**グラフ**を適切に読み取ったものを、次のア～オからすべて選び、記号で答えなさい。
　ア　2030年と2045年のいずれの総人口も、2015年の総人口を下回る。
　イ　2015年からの45年間、すべての年齢層の人口は減り続ける。
　ウ　2045年の65歳以上の人口は、同じ年の0～14歳の人口よりも2000万人以上多い。
　エ　2000年と2060年を比べたとき、15～64歳の人口の減少数より、65歳以上の人口の増加数の方が多い。
　オ　総人口に占める65歳以上の人口の割合は、1985年には20％未満であったが、2045年では30％を超えている。

答え合わせ

① a．消費　b．全体にしめる国産品の割合が高く　c．保護

　aについて，2019年10月に消費税は10％に上がりました。ただし，飲食料品などの軽減税率が適用される商品については，8％のままです。

　b・cについて，輸入する商品に関税をかける目的は2つあります。1つは国の収入を確保することです。もう1つは，国内の産業を保護することです。

　たとえば，日本国内で1kg 1000円の国産米が売っていたとします。そこに外国から1kg 500円の輸入米が税をかけられずに入ってくると，国産米より安い金額でお店に並ぶことになります。国産米より安いのですから，輸入米が買われ，国産米が売れなくなるかもしれません。そこで輸入するお米に関税をかけて，あまり安い金額では売れないようにします。このように輸入する商品に関税をかけ，国産の商品を保護する貿易を「保護貿易」といいます。

② ア，ウ，オ

　グラフの読み取りの正誤問題はよく出題されます。1つ1つの選択肢をよく読んで，大小を比較するものを間違えないようにしましょう。特に，割合と数には注意しましょう。

今回のポイント
比べるものをあわてずに
見つけよう！

夏休みの思い出を
ALT の先生と
英語で話していますよ。

※音声は、1ページにある書籍ID番号を教英出版ウェブサイトで入力して聴くことができます。くわしくは、1ページをごらんください。

夏休みの思い出

(2023年 東桜学館中学校・改)

　美希さんのクラスでは、外国語の時間に「夏休みの思い出」について ALT のスミス先生と会話をする活動を行いました。

　美希さんとスミス先生の会話を聞いて、問題に答えましょう。

メニュー表

 ピザ　　　　　サイドメニュー　　　　　ケーキ

ピザ		サイドメニュー		ケーキ	
コーンピザ	¥1200	フライドチキン	¥300	チーズケーキ	¥1800
トマトピザ	¥1250	ホットドッグ	¥350	チョコレートケーキ	¥2200
ポテトピザ	¥1300	サラダ	¥500	いちごケーキ	¥2400

※すべて税こみ価格です。

地図　　★から出発します

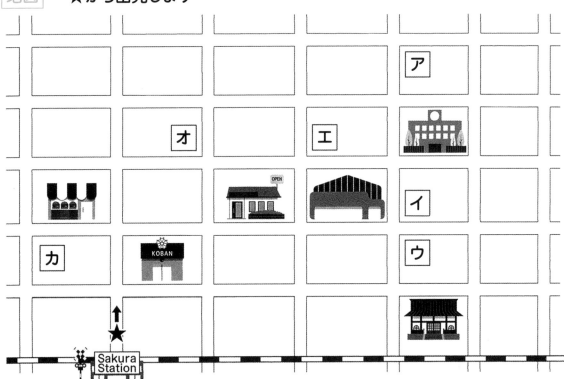

どんな問題が出てるかな？

Q1 美希さんの誕生日はいつでしょう。ア〜エの中から一つ選び，記号で書きましょう。

ア　7月19日　　イ　7月29日　　ウ　8月19日　　エ　8月29日

① 解答らん

Q2 美希さんと家族がレストランで食べたものの合計金額はいくらでしょう。 メニュー表 を見て計算し，数字で書きましょう。

② 解答らん

円

Q3 美希さんが行ったレストランの場所はどこでしょう。 地図 のア〜カの中から一つ選び，記号で書きましょう。

③ 解答らん

実際の紙面と放送原稿

紹介した問題です。

音声が流れる時間は4分30秒程度です。英語部分の音声は2回流れます。

ひとつの大設問で，英語，算数，社会，理科の内容に関する問題が出題されていますね。

【放送原稿】（英語部分のみ）

ALT : Hi, Miki. How was your summer vacation?

Miki : Hello, Mr. Smith. I went to a restaurant for my birthday with my family.

ALT : Nice! When is your birthday?

Miki : It's July 29th. How about you?

ALT : My birthday is August 19th. What did you eat at the restaurant?

Miki : Look, I have the menu. We ate pizza. It was delicious. Do you like pizza?

ALT : Yes. I like potato pizza. Did you eat the potato pizza?

Miki : No, we ate one tomato pizza and two corn pizzas. We ate three salads, too.

ALT : Wow! Did you eat a cake for your birthday?

Miki : Yes. We ate one chocolate cake. It was very good. Do you like cake?

ALT : Oh, yes. I love cheese cake! Where is the restaurant? I want to go there.

Miki : Look at this map. This is Sakura station. Go straight. Turn right at the second corner. Go straight for three blocks. You can see it on your left.

ALT : Thank you, Miki.

答え合わせ

① イ

　問題を見ると，聞き取るのは美希さんの誕生日だとわかります。スミス先生の２回目の発言 When is your birthday? と，美希さんの２回目の発言 It's July 29th. より，７月 29 日とわかります。

② 7350（円）

　問題を見ると，聞き取るのは美希さんの家族がレストランで食べたもので，メニュー表を見て合計金額を求めることがわかります。美希さんの４回目の発言 we ate one tomato pizza and two corn pizzas. We ate three salads, too. とメニュー表より，美希さんの家族はトマトピザ(1250 円) 1枚，コーンピザ(1200 円) 2枚，サラダ(500 円) 3皿，さらに，美希さんの５回目の発言 We ate one chocolate cake. とメニュー表より，チョコレートケーキ(2200 円) 1 つを食べたことがわかります。よって，合計金額は 1250 ＋ 1200 × 2 ＋ 500 × 3 ＋ 2200 ＝ 7350（円）となります。

③ イ

　問題を見ると，聞き取るのは地図の★からレストランまでの道順だとわかります。美希さんの６回目の発言 This is Sakura station. Go straight. Turn right at the second corner. Go straight for three blocks. You can see it on your left. より，「まっすぐ進んで，２つ目の角を右に曲がり，さらにまっすぐ3区画進んだ左側」とわかります。go straight「まっすぐ進む」，turn right「右に曲がる」，at the second corner「2つ目の角で」，three blocks「3区画」，on your left「(あなたの)左側に」は道案内でよく出題される表現です。

今回のポイント

音声を聞く前に問題を見て，
何を聞き取ればいいか考えよう。

実技的な問題 ＜さらにはこんな問題も！＞

　教科的な問題以外に，実技的な問題が出題されることもあります。ここではそうした問題を紹介しています。

　問題の性質上，答え合わせはありません。

美術（トラックをデザインしよう！）

（2023年 咲くやこの花中学校・改　芸術分野選択）

あなたは、新鮮な食材をスーパーマーケットに運ぶトラックのデザインを考えることになりました。図は、あなたがデザインを考えるトラックを表しています。

次の条件にしたがって、食材の新鮮さをイメージさせるようなデザインを、色鉛筆でかきなさい。

条件　図の □ で示した面のデザインをかくこと。

図

自由にのびのびとデザインしましょう。

スポーツ（体力テストをしよう！）

（2021年 咲くやこの花中学校・改　スポーツ分野選択）

◆検査種目

1	50ｍ走（運動場が使用できるとき） または、30ｍ走（運動場が使用できないとき）
2	立ち幅とび

※文部科学省「新体力テスト実施要項（6〜11歳対象）」（下記）を参考に、実施します。

1 【50m走】（運動場が使用できるとき）

　＜方法＞
　⑴　スタートはスタンディングスタートの要領で行います。
　⑵　スタート合図は、「位置について」、「用意」の後、音または声を発すると同時に
　　　旗を下から上へ振り上げることによって行います。

　＜記録＞
　⑴　スタートの合図からゴールライン上に胴（頭、肩、手、足ではない）が到達する
　　　までに要した時間を計測します。
　⑵　記録は1／10秒単位とし、1／10秒未満は切り上げます。
　⑶　2回実施してよい方の記録をとります。

　【30m走】（運動場が使用できないとき）
　＜方法＞＜記録＞については、50ｍ走に準じ、体育館で実施します。

2 【立ち幅とび】

　＜方法＞
　⑴　両足を軽く開いて、つま先が踏切り線の前端にそろうように立ちます。
　⑵　両足で同時に踏み切って前方へとびます。

　＜記録＞
　⑴　身体が測定用マットに触れた位置のうち、もっとも踏切り線に近い位置と、踏切
　　　り前の両足の中央の位置（踏切り線の前端）とを結ぶ直線の距離を計測します。
　　　（※ 測定用マットを使用し、屋内で実施）
　⑵　記録はセンチメートル単位とし、センチメートル未満は切り捨てます。
　⑶　2回実施してよい方の記録をとります。

ケガをしないように，
準備運動をちゃんと
しないとね！

創作（セリフを考えよう！）

（2023年 鹿児島玉龍中学校・改）

　　玉美さんと龍太さんは，県外から鹿児島市に修学旅行に来る小学生と交流するために，観光パンフレットを見ています。

玉美：観光パンフレットに，鹿児島市のシンボルマーク「マグマシティ」【資料1】が入っているね。

龍太：「マグマシティ」にこめられた思いを全国のみなさんに伝えていくためのキャラクターもいるんだよ。火山の妖精「マグニョン」【資料2】って名前だよ。

玉美：どちらにも，「桜島」がえがかれているね。桜島は鹿児島市のシンボルだからね。

龍太：桜島には，薩摩半島から鹿児島湾を運行しているフェリーに乗るとおよそ15分で行けるよ。大隅半島とは陸続きだね。

玉美：農業もさかんで，桜島大根，桜島小みかん，びわ，椿などが有名だよ。どうして栽培がさかんなのだろう。

龍太：きっと何か理由があるのだろうね。いっしょに調べてみよう。

玉美：うん，いいよ。桜島と言ったら，農業のほかにも，昨年大きな噴石が火口から約2.5km飛んで，噴火警戒レベルが初めて最高の避難レベルに引き上げられて，全国ニュースになったよね。

龍太：火山とともに生きていく上での工夫や備えが必要だね。

玉美：それ以上に，火山の恵みもあると思うよ。修学旅行での交流の時には，鹿児島市の魅力や価値を伝えられたらいいね。

龍太：そうだね，楽しみだね。わたしたちも鹿児島市の魅力をもっと学ぼう。

会話文をしっかり読んで，内容を整理しましょう。

【資料１】

あなたとわくわく
マグマシティ
鹿児島市

【資料２】

　【資料１】のシンボルマーク「マグマシティ」には鹿児島市の魅力_{みりょく}や価値_{かち}がこめられています。【資料２】の「マグニョン」は，全国のみなさんに，それらを広く伝えていく役割_{わり}をもっています。

　修学旅行に来る小学生との交流会で鹿児島市の魅力_{みりょく}や価値_{かち}をわかってもらえるように，次の【条件】で「マグニョン」のセリフを考えなさい。

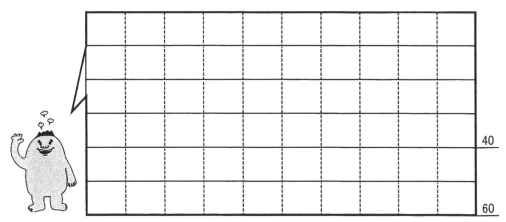

【条件】

○　火山の恵_{めぐ}みについてもふれること。

○　40字以上，60字以内で書くこと。

○　1マス目から書き始めて，句読点や記号も文字数に数えること。

条件に注意して，
よさが伝わるような
セリフを考えましょう。

自分が住んでいる
地域の魅力も考えて
みようかなぁ。

放送問題（和食の文化を紹介しよう！）

※音声は，1ページにある書籍ID番号を教英出版ウェブサイトで入力して聴くことができます。くわしくは，1ページをごらんください。

（2019年 静岡県公立高等学校中等部・改）

放送の内容で大事だと思った部分は，きちんとメモをとりましょう。

【放送原稿】

はじめに，〔放送による問題〕を行います。

放送中，問題用紙にメモをとっても構いません。

5年生のまゆこさんの学級に，日本の文化を学ぶためにアメリカから留学生のポールさんが来ることになりました。まゆこさんは，和食を紹介しようと考え同じ学級のたけしさんと一緒に調べ学習を始めました。今から，まゆこさんとたけしさんの調べ学習の会話を，一度だけ放送で流します。その後，4つの質問をします。よく聞いて答えなさい。それでは始めます。

まゆこ：和食の特徴が伝わるような紹介にしたいわね。

たけし：和食は「日本人の伝統的な食文化」として，平成25年にユネスコ無形文化遺産に登録されて世界で認められたからね。ぼくが見つけた資料には，和食の特徴が4つ書かれているよ。

まゆこ：本当だわ。日本人が大切にしている和食の特徴が書かれているわね。

たけし：この中から，詳しく紹介する和食の特徴を1つ選んで，調べ学習をするといいんじゃないかな。

まゆこ：そうね。「正月などの年中行事との深い関わり」という和食の特徴を調べて，日本のおせち料理をポールさんに紹介したらどうかしら。

たけし：それがいいね。お正月のおせち料理には，一品一品にいろいろな意味や願いが込められていると書いてあるよ。まゆこさんが見つけた資料には，どんなことが書いてあるのかな。

まゆこ：黒豆は，「家族が今年も一年まめで元気に過ごせますように，働くことができますように」という願いが込められているそうよ。

たけし：本当だ。エビは，ゆでたり焼いたりすると背中（せなか）が丸くなることから，「腰（こし）が曲がるまで長生きできますように」という願いが込められていると書かれているね。いろいろな意味や願いを，今まで全然知らずにおせち料理を食べていたよ。

まゆこ：それからこの資料には，お正月に家族や親せきがおせち料理を一緒に食べることは，和食の伝統を大人から子どもへ受けつぐ機会になっているということも書かれているわ。

たけし：そうなんだね。ぼくも和食について調べたことで，和食とは日本人が大切にしてきた願いや心をつないでいくものだと気づいたよ。

まゆこ：日本の文化や伝統について，もっと調べたくなってきたわ。

これから４つの質問をします。質問に対する答えを書きなさい。質問は続けて２回繰（く）り返します。

問題１　たけしさんが見つけた資料には，「世界で認められた和食の特徴」がいくつ書かれていたのか，数字で書きなさい。

問題２　まゆこさんが「ポールさんに紹介しよう」と，たけしさんに提案した和食の特徴を書きなさい。

問題３　まゆこさんは，お正月に家族や親せきがおせち料理を一緒に食べることは，どのような機会になっているとたけしさんに説明したのか，書きなさい。

問題４　たけしさんは，和食について調べたことで，和食とは何をつないでいくものだと気づいたのか，書きなさい。

以上で〔放送による問題〕を終わります。

おさえておきたいキーワード[社会]

再生可能エネルギー

　私たちが使う石油や石炭などは，化石燃料と呼ばれ，限りのあるエネルギー資源です。それに対し，一度利用しても再び使うことができ，半永久的に使えるエネルギーを再生可能エネルギーといいます。再生可能エネルギーは，地球温暖化の原因となる二酸化炭素などの温室効果ガスをほとんど発生させません。

　再生可能エネルギーには，太陽光，風力，水力，バイオマス，波力（はりょく），地熱などがあります。発電量が不安定，発電コストがかかる，などの問題をどうやって乗りこえていくかが今後の課題となっています。

地球温暖化

　人間の活動（化石燃料の使用・熱帯雨林の破壊（はかい）など）によって，大気中の二酸化炭素など，熱（赤外線）を吸い取る力のある温室効果ガスが増え続け，地球全体の気温が上がることをいいます。地球温暖化が進むと異常気象が起こりやすくなるため，農業に大きな影響が出て世界的な食料不足になったり，水不足や砂漠化（さばくか）が進んだりするといった深刻な事態となります。

モーダルシフト

　貨物や旅客などの輸送を，環境に与える影響が少ない輸送手段にかえることをいいます。日本の主な輸送手段は自動車ですが，排気ガスが少なく，一度に多くの人や大きいもの・重量のあるものを大量輸送でき，エネルギー効率が良い，鉄道や船による輸送が見直されています。これによって，省エネルギー，交通渋滞（じゅうたい）の緩和（かんわ）や交通事故の防止，排気ガスによる大気汚染の抑制，などが期待できます。

ハザードマップ〔防災マップ〕

　自然災害による被害を予測し，災害発生時の被害範囲や避難経路・避難場所などが示された地図です。日本は台風や地震などの自然災害が多いため，都道府県や各市町村でハザードマップを作ったり，配布したりして防災・減災への取り組みが行われています。

フェアトレード

発展途上国産の農作物や製品（チョコレートやコーヒーなど）を適正な価格で取り引きする公正貿易です。児童労働や貧困問題を解決するために，生産者の自立をうながし，無理なく継続的に支えるしくみが必要とされています。

食料自給率

国内で消費される食料のうち，国内の生産でまかなうことができる食料の割合のことをいいます。近年の日本のカロリーベースの食料自給率（野菜など低カロリーのものの影響が小さくなる算出方法）は，40％前後で推移しています。なお，食料自給率には生産額ベース（重量を金額に換算して算出したもの／単位重量あたりの金額が高い野菜などの影響が大きくなる）もあり，こちらはおおむね 60 ～ 70％で推移しています。

循環型社会

ごみをなるべく出さず，ごみをできるだけ資源として使い，使えないごみをきちんと処分することで，資源の消費を抑え，環境への負荷をできる限り減らす社会のことです。ごみ問題の解決に向けた，リデュース（減量），リユース（再使用），リサイクル（資源として再利用）の「３R」が進められています。

ＳＤＧｓ〔持続可能な開発目標〕

国際連合で採択された，2030 年までに国際社会が達成すべき目標です。貧困のぼく滅，教育の普及，エネルギー問題の解決，などの 17 の目標をかかげています。

ユニバーサルデザイン

言語や文化，国籍，性別，年齢，障がいの有無にかかわらずに利用できる施設や製品などのデザインです。例えば，車いすが回転しやすいように広く，便座へ移動しやすいように手すりを取り付けた多目的トイレなどがあります。

おさえておきたいキーワード［理科］

《電流や振り子に関するキーワード》

直列・並列…右図１のように，電流の流れる道すじが１本道になっているものを直列回路，右図２のように，電流の流れる道すじが枝分かれしているものを並列回路といいます。図１と２の電源と電球がそれぞれ同じ種類であれば，並列つなぎになっている図２の電球の方が明るく光ります。

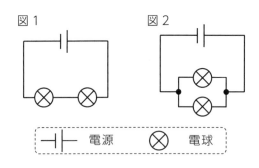

振り子の周期…振り子が１往復するのにかかる時間を周期といいます。周期は振り子の長さによって決まっていて，おもりの重さや振れ幅などの影響を受けません。

《熱に関するキーワード》

熱膨張…あたためられることによって物体の体積が大きくなることを熱膨張といいます。きつく閉まった金属のふたをあたためると開きやすくなったり，鉄道のレールのすき間の大きさが夏より冬の方が大きかったりするのは熱膨張によるものです。また，振り子時計の振り子の部分が金属でできていると，夏は熱膨張により振り子の長さが長くなり，周期が長くなるので，時間が進むのが遅くなります。このため，おもりの位置を季節によって調節する必要があります。

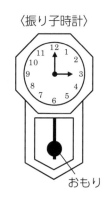

〈振り子時計〉

おもり

伝導・対流・放射…熱は，伝導（下図３），対流（下図４），放射（太陽などの熱が空気を素通りしてものをあたためる）などの方法で伝わります。また，下図５のように，空気の対流はものが燃え続けるのに必要な条件となります。

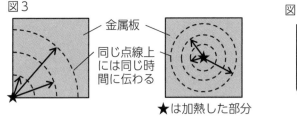

図３

金属板

同じ点線上には同じ時間に伝わる

★は加熱した部分

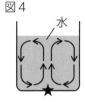

図４

水

図５

燃えたあとのあたたかい空気

新しい空気

《生物に関するキーワード》

食物連鎖（しょくもつれんさ）…生物どうしの「食べる・食べられる」の関係を食物連鎖といいます。光合成（こうごうせい）（太陽の光を受けて水と二酸化炭素から，でんぷんと酸素をつくるはたらき）を行う植物を最も下の層として，その上に下の生物を食べる生物を積み上げていくと，右図6のようなピラミッドができます。これは，それぞれの段階の生物の数を表したものです。

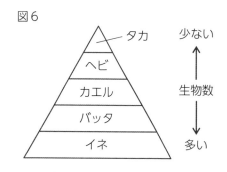

図6

メダカ…オスとメスの見分け方（背びれと尻びれに着目），飼い方（か），産卵場所（水草），卵の育ち方などを覚えておきましょう。

モンシロチョウ…産卵場所（アブラナ科の植物の葉）や卵の形，成長のしかた（卵→幼虫→さなぎ→成虫）などを覚えておきましょう。また，モンシロチョウは昆虫類（こんちゅうるい）で，からだが頭，胸（むね），腹（はら）の3つの部分に分かれていて，6本の足がすべて胸についています。

《大地のつくりや太陽の動きに関するキーワード》

侵食・運搬・堆積（しんしょく・うんぱん・たいせき）…流れる水には，侵食（地面をけずる），運搬（土や砂を運ぶ），堆積（土や砂を積もらせる）などのはたらきがあり，川の上流では侵食と運搬，中流では運搬，下流では堆積のはたらきが大きくなります。また，川のまっすぐなところと曲がっているところでの川底のようすは，下図7のように，流れの速いところほど川底が大きくけずられていて，大きな石が残っています。

図7

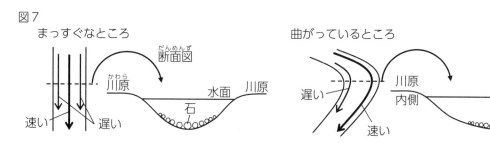

南中高度（なんちゅうこうど）…太陽が南の空で最も高くなることを南中，そのときの高度を南中高度といいます。右図8のように，太陽の高度が変化することで影（かげ）の長さが変化すること，影は太陽がある方向と反対の方向にできることを覚えておきましょう。

図8

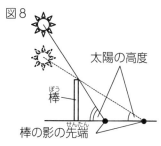

公立中高一貫校受検 親子で取りくむ
適性検査スタートブック
2025〜26年春受験用

2024年4月発行

発　行　所　　株式会社　教英出版
　　　　　　　〒422-8054　静岡県静岡市駿河区南安倍3丁目12-28
　　　　　　　電話（054）288−2131

印刷・製本　　株式会社　三　　創

ISBN978-4-290-16810-7

C6300 ¥980E

定価：**1,078**円（本体980円＋税）

本書の内容

教科的な問題〈適性検査ってこんな感じ〉

- 第1問　なぜ豆まきをするの？
- 第2問　枝豆の発芽や成長
- 第3問　三連休の時間割
- 第4問　食品ロスを減らそう
- 第5問　2次元コードの目印
- 第6問　より遠くまで飛ばすには？
- 第7問　つなげた紙の面積
- 第8問　航空輸送の工夫
- 第9問　私たちと税
- 第10問　夏休みの思い出

実技的な問題〈さらにはこんな問題も！〉

- 美術（トラックをデザインしよう！）
- スポーツ（体力テストをしよう！）
- 創作（セリフを考えよう！）
- 放送問題（和食の文化を紹介しよう！）

いっしょに
がんばりましょう!!

さくら先生

〒422-8054 静岡県静岡市駿河区南安倍3丁目12-28　TEL(054)288-2131
URL:https://kyoei-syuppan.net/

教英出版

VEGETABLE OIL INK

精神科看護 第47巻 通巻336号 2020年8月20日発行（毎月1回20日発行）ISSN 0910-5794

精神科看護
THE JAPANESE JOURNAL OF PSYCHIATRIC NURSING

『精神科看護』編集委員会 編

一般社団法人 日本精神科看護協会
協力 Japanese Psychiatric Nurses Association

2020
9

vol.47 通巻336号

[特別記事]
リスク認知にもとづく訪問看護
スタッフの不安へのマネジメント

[好評連載]
"どん底"からのリカバリー

[クローズアップ]
「私」の部屋

目立たない，けど"つう"な看護師
――あなたのチカラが必要です

精神看護出版

カンフォータブル・ケア
で変わる認知症看護

著 南 敦司
医療法人北仁会旭山病院

日本の認知症看護の臨床が生んだケアメソッド
カンフォータブル・ケア

レッツ カンフォータブル・ケア

認知症ケアで
燃え尽きて
しまう前に

A5判 180頁 2色刷り
2018年9月刊行
定価（本体価格2,000円＋税）
ISBN978-4-86294-061-2

カンフォータブル・ケアは，「快の刺激」に着目したケア技術です。カンフォータブルとは英語で，「心地よいこと，快刺激」と訳されます。すなわちカンフォータブル・ケアとは認知症者が心地よいと感じる刺激を提供することで認知症周辺症状を軽減するためのケア技術です。本書は，このカンフォータブル・ケアを中心に，認知症者へのケアを最適なものにするためにケアする者が身につけておくべき「（広義・狭義の）アクティビティ・ケア」「身体拘束最小化」を解説します。認知症ケアで燃え尽きてしまう前に，レッツ・カンフォータブル・ケア。

主な目次